Implementierung eines BGM in der Stadtverwaltung Wubberberg

Tobias Schnizler

Bibliografische Information der Deutschen Nationalbibliothek:

Die Deutsche Nationalbibliothek verzeichnet diese Publikation in der Deutschen Nationalbibliografie; detaillierte bibliografische Daten sind im Internet über http://dnb.d-nb.de abrufbar.

ISBN: 9783346655127
Dieses Buch ist auch als E-Book erhältlich.

© GRIN Publishing GmbH
Nymphenburger Straße 86
80636 München

Druck und Bindung: Books on Demand GmbH, Norderstedt Germany
Gedruckt auf säurefreiem Papier aus verantwortungsvollen Quellen

Das Buch bei GRIN: https://www.grin.com/document/1224495

Deutsche Hochschule für
Prävention und Gesundheitsmanagement
Hermann-Neuberger-Sportschule 3
66123 Saarbrücken

Hausarbeit

Name, Vorname	Schnizler, Tobias
Studiengang	MBA Sportmanagement
Studienmodul	BGM 2
Datum Präsenzphase (siehe Ergebnisdokumentation)	07.02.22 – 09.02.22
Aufgabe	Implementierung eines BGM in der Stadtverwaltung Wubberberg

Inhaltsverzeichnis

1 Bewertung der betrieblichen und gesundheitlichen Ausgangssituation

Die Analyse der betrieblichen und gesundheitlichen Ausgangssituation hat ergeben, dass ein großer Belastungsfaktor unzureichende Arbeitsbedingungen sind. Auch bedingt durch die Sanierung des Hauptgebäudes, klagen die Mitarbeiter über Lärm und fehlende ergonomische Lösungen wie zum Beispiel eine unzureichende Beleuchtung oder keine höhenverstellbare Tische. Dies spiegelt sich auch bei den Nohl-Werten, welcher das Maß der Gefährdung angibt (Nohl & Thiemecke, 1988), der einzelnen Dezernate wider. Zudem wurde die Menge der Arbeit und der Aufgaben als sehr belastend eingestuft.

Der demografische Wandel stellt ein weiteres großes Problem dar, so liegt der Altersdurchschnitt bei 46,9 Jahren. Vor allem die Dezernate 1 und 2 drücken den Schnitt nach oben. Laut Busch (2019, S. 747), kann ein hohes Durchschnittsalter der Mitarbeiter, mit einem erhöhten Krankenstand in Verbindung gebracht werden. Dies lässt sich auch bei der Stadtverwaltung Wubberberg feststellen, da die Dezernate 1 und 2 gleichzeitig über das höchste Durchschnittsalter und den höchsten Krankenstand verfügen.

Des Weiteren gaben die Mitarbeiter in der Befragung, sich, von den Vorgesetzten, nicht ausreichen unterstütz zu fühlen. Das Ergebnis des Work Ability Index, kurz WAI, liegt bei 31 und ist laut Tempel (2010, S. 232) nur als mäßig zu bewerten. Der WAI stellt ein gutes Instrument zur Bewertung der aktuelle Arbeitsfähigkeit der Mitarbeiter dar (Tempel, 2010). Hierbei handelt es sich um einen Fragebogen, der 1991 von Ilmarinen entwickelt wurde und von den Befragt selbst oder von Dritten ausgefüllt wird.

Al diese Punkte können bei einer zu hohen Ausprägung zu psychischen und physischen Stress und Erkrankungen führen, weshalb sie dringend angegangen werden sollte. Dadurch können auch die BEM-Fälle und der Krankenstand sowie die Unfälle reduziert werden

Folgende Abb. 1 stellt die Analyseergebnisse als Fazit nochmal übersichtlich dar.

AH 1: Teilaufgabe 1

Unternehmensbeschreibung:

- Die Stadtverwaltung Wubberberg gehört der Branche der Öffentlichen Verwaltung an und beschäftigt insgesamt 4.928 Personen, welche in Sechs Dezernate aufgeteilt sind.

Fazit Kennzahlen HR und Sicherheit:

- Der Krankenstand ist im letzten Jahr von 9,4% auf 9,7% gestiegen, wobei der Krankenstand in den Dezernaten 1 und 2, in denen auch das Durchschnittsalter am höchsten ist, am auffälligsten war.
- Auch die BEM-Fälle und Unfälle sind im vergleich mit dem Vorjahr gestiegen. Wie beim Krankenstand stechen bei den BEM-Fällen die Dezernate 1 und 2 besonders (negativ) heraus. Die Fluktuationsquote liegt bei 3,1% und ist somit sehr niedrig.

Fazit Mitarbeiterbefragung:

- Der Gesundheitszustand wurde von den Mitarbeitern überwiegend als zufriedenstellend (31%) und weniger gut (28%) bewertet. Mit ihrer eigenen Arbeit sind die Mitarbeiter am häufigsten teils teils (28%) und ziemlich unzufrieden (24%). Die allgemeine Arbeitszufriedenheit liegt bei 35%, wobei die Dezernate 3 und 4 mit 52% bzw. 61% die höchste Zufriedenheit angeben. Dezernat 2 ist mit 27% am unzufriedensten. Der Wai-Index liegt bei 31, was einer mäßigen Arbeitsfähigkeit entspricht.
- Die Primären Belastungen sind zu große Arbeitsmengen bzw. Aufgaben und das ständige Sitzen. Die Unterstützung der Vorgesetzten bzw. der Kollegen wurde lediglich im Dezernat 4 als gut eingestuft. Die Dezernate 1 und 2 geben die Unterstützung der Vorgesetzten als zu wenig an. Des Weiteren geben die Dezernate 1 und 2 die Unterstützung der Kollegen als ok an. Im Gesamten wird die Unterstützung der Führungskräfte als eher gering und die Unterstützung der Kollegen als ok eingestuft

Fazit Gefährdungsbeurteilung:

- Die Dezernate 2 (3,1) und 3 (2,9) weisen die höchsten Nohl-Werte auf. Dabei sind der Lärm, die Zugluft, die Beleuchtung und die physische Belastung durch Zwangshaltung die primären Herausforderungen.

Abb. 1: Analyse und Fazit der Ausgangssituation

2 Thematische Schwerpunkte

2.1 Ableitung thematischer Schwerpunkte

AH 2: Teilaufgabe 2.1

Schaffung gesundheitsförderlicher Arbeitsbedingungen (Prio 1)

- Die höchste Priorisierung hat die Schaffung gesundheitsförderlicher Arbeitsbedingungen. Laut der Mitarbeiterbefragung haben drei der vier größten Belastungen am Arbeitsplatz mit unzureichenden Arbeitsbedingungen zu tun. So wurden ständiges Sitzen, Lärm und eine schlechte Beleuchtung als große Belastungsfaktoren angegeben.
- Der größte Belastungsfaktor waren zu große Arbeitsmengen bzw. Aufgaben, was auch unter die Kategorie schlechter Arbeitsbedingungen fällt.
- Werden diese Probleme behoben, kann das positive Auswirkungen auf die psychische und physische Gesundheit haben. Werden die Arbeitsmengen an das Leistungsvermögen der Mitarbeiter angepasst, wird das sicher motivierend und leistungssteigernd wirken.

Bewältigung der Herausforderungen durch den demografischen Wandel (Prio 2)

- Das hohe Durchschnittsalter sowie der Fachkräftemangel im Dezernat 4 zeigen auf, dass hier gehandelt werden muss. Laut dem Statischem Bundesamt (Destatis, 2017) liegt der Altersdurchschnitt im öffentlichen Dienst bei 44,5 Jahren, womit vor allem die Dezernate 1 und 2 deutlich darüber liegen.
- Ein hohes Durchschnittsalter steht in direktem Zusammenhang mit einem hohen Krankenstand (Busch, 2019, S. 747), was auch in der Stadtverwaltung Wubberberg ersichtlich ist. So liegt der durchschnittliche Krankenstand im öffentlichen Dienst bei 6,6% (Meyer, Maisuradze & Schenkel, 2019, S. 416). Im Vergleich dazu liegt der Krankenstand der Wubberberger Stadtverwaltung bei 9,7%, wobei die Dezernate 1 und 2 (die mit dem höchsten Krankenstand) mit 11,8% und 14,1 % am schlechtesten dastehen.

Verbesserung des Führungsverhaltens (Prio 3)

- Die Mitarbeiterbefragung hat ergeben, dass sich die Belegschaft in schwieriger Situation nicht ausreichend von ihren Vorgesetzten unterstütz fühlt.
- Laut Herlt (2017) führt eine gute Beziehung zwischen Mitarbeiter und Vorgesetzten zu hoher Zufriedenheit und Motivation und stärkt somit auch das Wohlbefinden auf der Arbeit. Deshalb sollte dieser Punkt ebenfalls angegangen werden.

Abb. 2: Thematische Schwerpunkte

2.2 Weiterführende Analysen

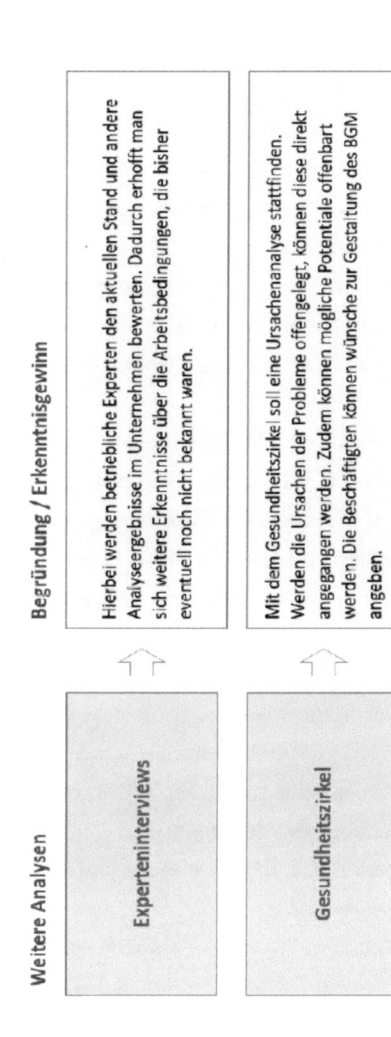

Abb. 3: Zusätzliche Analyseinstrumente (BSA/DHfPG)

3 Formulierung einer BGM-Strategie

3.1 Strategisches Vorgehen

Beim Strategische Vorgehen orientieren sich die weiteren Schritte am 6-Phasen-Modell des BGM (BSA/DHfPG).

Im ersten Schritt soll zunächst der Bedarf bestimmt werden. Dies geschieht durch die Festlegung von Zielen, die mit Hilfe des BGMs erreicht werden sollen (Morsch, 2021, S. 153). Stehen die Ziele fest, ist ein weiterer Teil des ersten Schritts laut Morsch (2021, S. 153) die Erstellung einer Grobplanung des Projekts. Diese beinhaltet alle wesentlichen Schritte des Projekts sowie die Nennung der in den folgenden Schritten gewählten Analyseinstrumenten. Zum Schluss der ersten Phase wird eine Projektteam aufgebaut, das in einer Sitzung die Grobplanung und die Analyseinstrumente freigibt (Morsch, 2021, S. 153).

Schritt zwei ist die Analysephase, mit zwei Schwerpunkten. Zunächst werden die Faktoren identifiziert, die die Gesundheit der Mitarbeiter beeinflussen und somit für den Krankenstand, geringes Engagement oder ähnliches verantwortlich sind (Morsch, 2021, S. 153). Zudem soll unter Einbeziehung der Beschäftigten Ressourcen und Potenziale aufgezeigt werden (Morsch, 2021, S. 153). In dieser Phase werden die Analyseinstrumente wie die bereits vorhandene Mitarbeiterbefragung und die Gefährdungsbeurteilung sowie die Experteninterviews und der Gesundheitszirkel verwendet.

Sind die einzelnen Analysen durchgeführt worden, gilt es in der dritten Phase die Faktoren zu finden, die hauptsächlich für die Problemsituation verantwortlich sind (Morsch, 2021, S. 154). Die Herausforderung besteht nun darin, zu den gefunden Problemen passende Interventionen zu finden, woraufhin das Projektteam Entscheidungen für die weiteren Phasen treffen kann (Morsch, 2021, S. 154). In dieser Phase wird auch die inhaltliche und organisatorische Planung erstellt.

Diese müssen nun im vierten Schritt auf die aktuelle Situation im Unternehmen adaptiert und durchgeführt werden. Dabei sollte laut Morsch (2021, S. 154) die Urlaubs- und Ferienzeiten, die Arbeitszeiten, die Verfügbarkeit der Mitarbeiter, die Durchführung innerhalb oder außerhalb der Arbeitszeiten sowie die Durchführung im Unternehmen oder außerhalb berücksichtigt werden.

Der fünfte Schritt beschäftigt sich mit Bewertung des Projekts, hier sollen verschiedene Zeitpunkte festgelegt werden, in denen überprüft werden soll, ob das BGM die entsprechenden Ziele erreicht hat. So sind Veränderungen des Krankenstandes in der Regel erst nach 2-3 Jahren messbar (Morsch, 2021, S. 155). Mit dieser Phase endet das Projekt.

Im sechsten Schritt sollen nun dauerhafte BGM-Maßnahmen durchgeführt werden. So soll im Beispiel der Stadtverwaltung Wubberberg neue, gesundheitsförderliche Strukturen geschaffen werden.

Die folgende Abb. 4 stellt die sechs Schritte übersichtlich dar.

AH 4: Teilaufgabe 3.1

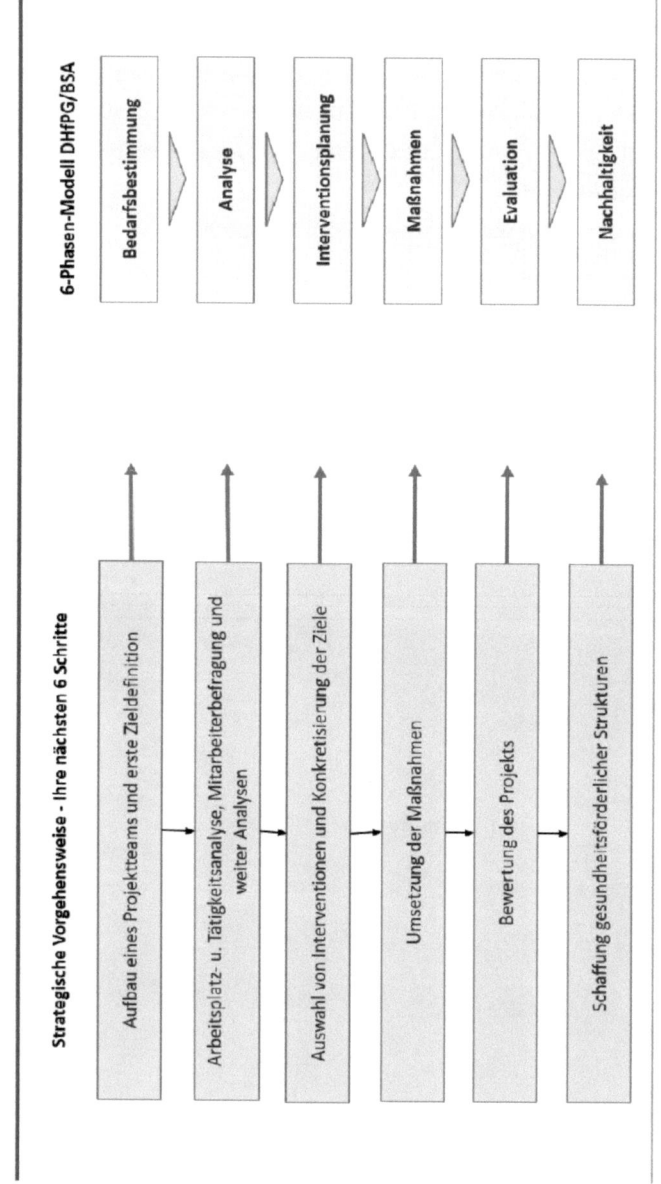

6-Phasen-Modell DHfPG/BSA

- Bedarfsbestimmung
- Analyse
- Interventionsplanung
- Maßnahmen
- Evaluation
- Nachhaltigkeit

Strategische Vorgehensweise - Ihre nächsten 6 Schritte

- Aufbau eines Projektteams und erste Zieldefinition
- Arbeitsplatz- u. Tätigkeitsanalyse, Mitarbeiterbefragung und weiter Analysen
- Auswahl von Interventionen und Konkretisierung der Ziele
- Umsetzung der Maßnahmen
- Bewertung des Projekts
- Schaffung gesundheitsförderlicher Strukturen

Abb. 4: Strategisches Vorgehen in 6 Schritten

3.2 Voraussetzungen für eine erfolgreiche BGM-Implementierung

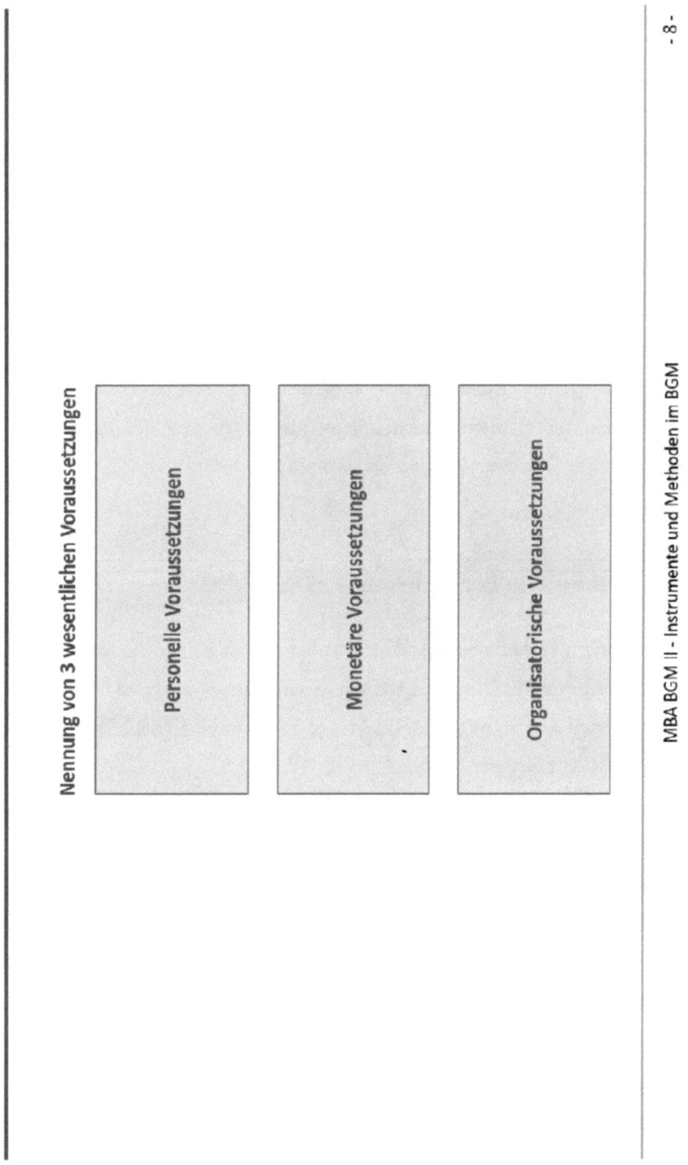

AH 5: Teilaufgabe 3.2

Nennung von 3 wesentlichen Voraussetzungen

Personelle Voraussetzungen

Monetäre Voraussetzungen

Organisatorische Voraussetzungen

Abb. 5: 3 wesentliche Voraussetzungen für ein erfolgreiches BGM

Um ein BGM erfolgreich in der Stadtverwaltung Wubberberg zu implementieren, ist es zunächst wichtig, dass die personellen Voraussetzungen stimmen. Es kommt dabei auf die Mitarbeit und die Leistungsbereitschaft aller Teilnehmer an. Dabei bildet auch die Rückendeckung der Führungsetage einen wesentlichen Erfolgsfaktor (Weinreich & Weigl, 2002, S. 67).

Zudem sollten auch die monetären Voraussetzungen stimmen. Damit ist zum einen gemeint, dass die Stadtverwaltung über das nötige Kapital verfügt, um ein BGM aufzuziehen und zum anderen, sollte das nötige Kapital vorhanden sein, muss die Bereitschaft gegeben sein das Geld investieren zu wollen. Ohne finanzielle Mittel ist das Projekt zum Scheitern verurteilt.

Schließlich spielen auch die organisatorischen Voraussetzungen eine wichtige Rolle. So ist es im Zuge der Organisation wichtig, dass alle Teilnehmer die nötige Zeit haben an dem Projekt mitzuwirken. Zudem müssen die Mitarbeiterbefragungen und Gefährdungsbeurteilungen so organisiert werden, dass sie zum Start des Projektes vorhanden und ausgewertet sind.

3.3 Einbindung der Führungskräfte

Wie schon im vorherigen Abschnitt erwähnt, ist die Rückendeckung der Führungskräfte essenziell für den Erfolg eines BGMs. Deshalb ist es wichtige diese auch einzubinden. Im Folgenden werden zwei Möglichkeiten zur Einbindung der Führungskräfte in den Prozess des BGM erläutert.

Allgemein bekannt ist, dass Führungskräfte eine Vorbildfunktion in Unternehmen haben, deshalb sollte sie auch beim Thema Gesundheit mit guten Beispiel voran gehen. Um dies sicherzustellen kann ein Seminar, eigens für Führungskräfte, mit dem Thema „gesundes Führen" abgehalten werden. In dieser Schulung sollen die Vorgesetzten zum einen lernen, wie sie sich selbst Gesund und leistungsfähig am Arbeitsplatz halten und zum anderen, wie sie das auf ihre Mitarbeiter übertragen können. Da auch Führungskräfte nicht allwissend sind, kann ihnen so auch ein Weg aufgezeigt werden, wie sie zum Beispiel den Arbeitsplatz Ergonomischer gestalten können oder wie sie die Mitarbeiter motivieren können an Maßnahmen des BGMs teilzunehmen.

Eine zweite Möglichkeit zur Einbindung der Führungskräfte ist ein Persönlichkeitscoaching. Die Mitarbeiterbefragung der Stadtverwaltung Wubberberg hat ergeben, da sich die Mitarbeiter zu wenig unterstütz fühlen von den Vorgesetzten. Hier können die Führungskräfte gecoacht werden um, in einem ersten Schritt, die Probleme der Mitarbeiter zu erkennen und in einem zweiten Schritt diese dann auch, gemeinsam mit dem Beschäftigten zu bewältigen.

Beide Möglichkeiten werden in Abb. 6 nochmal übersichtlich dargestellt.

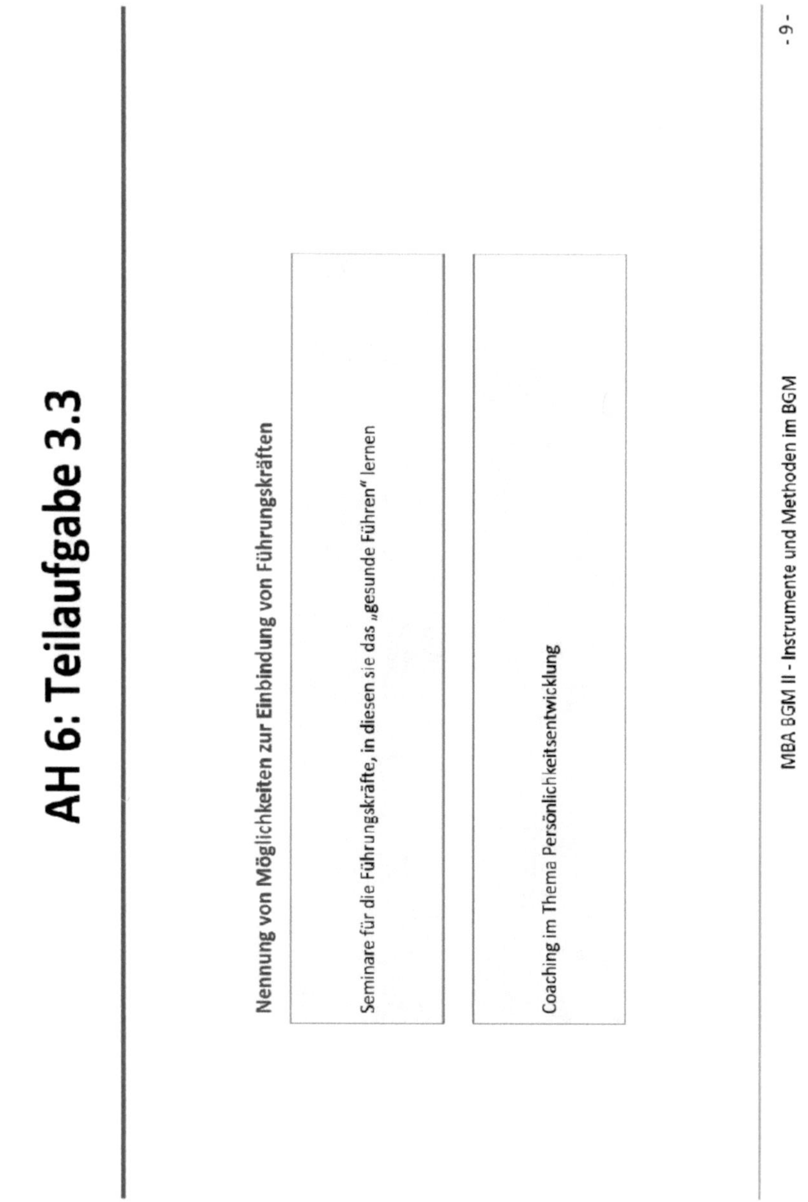
AH 6: Teilaufgabe 3.3
Nennung von Möglichkeiten zur Einbindung von Führungskräften
Seminare für die Führungskräfte, in diesen sie das „gesunde Führen" lernen
Coaching im Thema Persönlichkeitsentwicklung
MBA BGM II - Instrumente und Methoden im BGM
- 9 -

Abb. 6: Einbindung von Führungskräften ins BGM

4   Evaluation

4. 1 Aufbau Kennzahlensystem

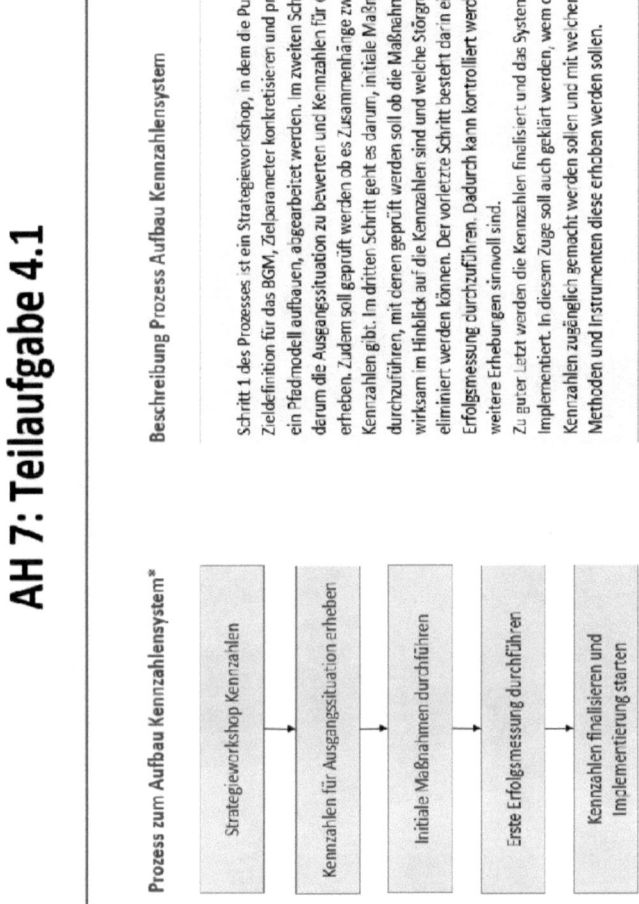

Abb. 7: Aufbau eines Kennzahlensystems (BSA/DHfPG)

4.2 Kennzahlen

AH 8: Teilaufgabe 4.2

Kennzahlen	Ziele bzgl. Verwendung dieser Kennzahl	Methode/Instrument zur Erhebung dieser Kennzahl
Unfälle	Ist-Situation und Handlungsbedarf aufzeigen	Unfälle erfassen und Statistik erstellen
Leitmerkmale	Belastungen in der manuelle Lastenhandhabung und Arbeitsprozesse bewerten	Mitarbeiter beobachten und interviewen
BEM-Fälle	Entwicklungen und Tendenzen aufzeigen	BEM-Statistik
Krankheitsbedingte Fehlzeiten	Entwicklungen, Tendenzen und Handlungsbedarf aufzeigen	Erfassung von Fehlzeiten- und Unfallstatistik
Altersstruktur	Entwicklungen und Tendenzen aufzeigen	Personalabteilung befragen

MBA BGM II - Instrumente und Methoden im BGM

- 11 -

Abb. 8: Kennzahlen, deren Ziele und Methoden zur Erhebung (BSA/DHfPG)

5 Literaturverzeichnis

Destatis. (2017). *Öffentlicher Dienst: Beschäftigte im Durchschnitt 44,5 Jahre alt.* Zugriff am 21.02.2022. Verfügbar unter https://www.destatis.de/DE/Themen/Staat/Oeffentlicher-Dienst/im-fokus-beschaeftigte.thm

Herlt, R. (2017). Führung ist Beziehung: So optimieren sie die Zusammenarbeit. Zugriff am 19.02.2022. Verfügbar unter https://coaches.xing.com/magazin/fuehrung-ist-beziehung-so-optimieren-sie-die-zusammenarbeit

Meyer, M. Maisuradze, M. & Schenkel, A. (2019). Krankheitsbedingte Fehlzeiten in der deutschen Wirtschaft im Jahr 2018 – Überblick. In B. Badura, A. Ducki, H. Schröder, J. Klose & M. Meyer (Hrsg.), *Fehlzeiten-Report 2019 Digitalisierung – gesundes Arbeiten ermöglichen* (S. 413-478). Berlin: Springer.

Morsch, A. (2021). *Studienbrief Betriebliches Gesundheitsmanagement 1 – Unternehmensstrategie BGM* (rev.26.032.000). Saarbrücken: Deutsche Hochschule für Prävention- und Gesundheitsmanagement.

Nohl, J. & Thiemecke, H. (1988). *Systematik zur Durchführung von Gefährdungsanalysen. Teil 1: Theoretische Grundlagen* (Schriftenreihe der Bundesanstalt für Arbeitsschutz und Arbeitsmedizin). Bremerhaven: Wirtschaftsverlag NW.

Tempel, J. (2010). Arbeitsbewältigungsindex. In B. Badura, U. Walter & T. Hehlmann (Hrsg.), *Betriebliche Gesundheitspolitik* (2., vollständig überarbeitete Aufl., S. 222–237). Berlin: Springer.

Weinreich, I. & Weigl, C. (2002). *Gesundheitsmanagement erfolgreich umsetzen. Ein Leitfaden für Unternehmen und Trainer.* Neuwied: Luchterhand.

6 Abbildungsverzeichnis